U0619444

中国文化知识读本

Zhongguo Wenhua
Zhishi Duben

黄河

主编　金开诚

编著　汪静怡

吉林出版集团有限责任公司

吉林文史出版社

图书在版编目（CIP）数据

黄河 / 汪静怡编著. —— 长春 ：
吉林出版集团有限责任公司 ：吉林文史出版社，2009.12 （2023.4重印）
（中国文化知识读本）
ISBN 978-7-5463-1694-9

Ⅰ. ①黄… Ⅱ. ①汪… Ⅲ. ①黄河-简介 Ⅳ.
①K928.42

中国版本图书馆CIP数据核字(2009)第236894号

黄河

HUANGHE

主编/ 金开诚 编著/汪静怡

项目负责/崔博华 责任编辑/曹 恒 崔博华
责任校对/梁丹丹 装帧设计/曹 恒
出版发行/吉林出版集团有限责任公司 吉林文史出版社
地址/长春市福祉大路5788号 邮编/130000
印刷/天津市天玺印务有限公司
版次/2009年12月第1版 印次/2023年4月第5次印刷
开本/660mm×915mm 1/16
印张/8 字数/30千
书号/ISBN 978-7-5463-1694-9
定价/34.80元

编委会

主 任: 胡宪武

副主任: 马 竞 周殿富 孙鹤娟 董维仁

编 委 (按姓氏笔画排列):

于春海 王汝梅 吕庆业 刘 野 李立厚

邴 正 张文东 张晶昱 陈少志 范中华

郑 毅 徐 潜 曹 恒 曹保明 崔 为

崔博华 程舒伟

前言

　　文化是一种社会现象,是人类物质文明和精神文明有机融合的产物;同时又是一种历史现象,是社会的历史沉积。当今世界,随着经济全球化进程的加快,人们也越来越重视本民族的文化。我们只有加强对本民族文化的继承和创新,才能更好地弘扬民族精神,增强民族凝聚力。历史经验告诉我们,任何一个民族要想屹立于世界民族之林,必须具有自尊、自信、自强的民族意识。文化是维系一个民族生存和发展的强大动力。一个民族的存在依赖文化,文化的解体就是一个民族的消亡。

　　随着我国综合国力的日益强大,广大民众对重塑民族自尊心和自豪感的愿望日益迫切。作为民族大家庭中的一员,将源远流长、博大精深的中国文化继承并传播给广大群众,特别是青年一代,是我们出版人义不容辞的责任。

　　本套丛书是由吉林文史出版社和吉林出版集团有限责任公司组织国内知名专家学者编写的一套旨在传播中华五千年优秀传统文化,提高全民文化修养的大型知识读本。该书在深入挖掘和整理中华优秀传统文化成果的同时,结合社会发展,注入了时代精神。书中优美生动的文字、简明通俗的语言、图文并茂的形式,把中国文化中的物态文化、制度文化、行为文化、精神文化等知识要点全面展示给读者。点点滴滴的文化知识仿佛颗颗繁星,组成了灿烂辉煌的中国文化的天穹。

　　希望本书能为弘扬中华五千年优秀传统文化、增强各民族团结、构建社会主义和谐社会尽一份绵薄之力,也坚信我们的中华民族一定能够早日实现伟大复兴!

目录

一、黄河的自然风情

从昆仑山上到黄海之滨，纵目远眺、俯瞰而视，一个巨大而清晰的"几"字愈发夺目耀眼。在中国这片犹如雄鸡挺立的版图上，黄河仿佛坚实的脊梁，挺起了中华大地的昂首英姿，更挺起了黄河文明的灿烂辉煌。

（一）黄河源头

黄河之水天上来，奔流到海不复回。

千百年来，黄河以其豪迈的身姿横卧中华大地，润泽万物。巨龙一般一路奔腾着、咆哮着，带给中华文明无与伦比的灿烂与辉煌。

黄河西起青海省巴颜喀拉山北麓，如果只见其源头，相信谁也不会将其与"黄河"

黄河是中国的母亲河

这个名字联系到一起。

巴颜喀拉山北麓的约古宗列曲是黄河的源头

　　青藏高原上一汪汪清澈见底的湖泊、溪水，涓涓流淌，安静而祥和，仿佛世外桃源。而约古宗列盆地则以其曼妙的身姿和宽阔的胸怀将这些纯净的细流汇聚后，将其一并送入美丽的星宿海。然而，星宿海却并非我们传统意义上的大海，而是一片辽阔的草滩和沼泽，它东西长三十多公里，南北宽十多公里。这些沼泽和大小不一的湖泊与月光相映，波光粼粼，犹如美丽天幕上宝石般闪亮的群星，因此，人们在赞叹它的美丽的同时赠与了它这个动人的名字——星宿海。从星宿海再度出发，宁静的水流寻找到了下一站投宿地——扎陵湖和鄂陵湖。这是我国高原上最大的两个淡水湖，它们有两个特别的藏语名字——错加朗、错鄂朗。"错"，在藏语中是湖的代名词，而"朗"是长形的意思，"加"和"鄂"则分别代表灰白色和青蓝色。那么我国海拔最高的两大淡水湖则又可以称为灰白色和青蓝色的长湖。扎陵湖和鄂陵湖的蓄水量一共有一百五十多亿立方米，每年从鄂陵湖汇入黄河的水量达六亿多立方米，是理想的天然调节库，也是黄河之水最重要的来源。想必，充满才情与浪漫情怀的伟大诗人李白在高声吟咏"黄河之水天上来"时，他一定不会想到，

水平如镜的玛多扎陵湖

这样奔腾不羁、洒脱浩瀚的黄河居然源自如此宁静蔚然、生动平和的溪湖之流吧。

（二）流域概况

黄河全长 5464 公里，是中国第二长河、世界第五长河。九曲回肠横穿青海、四川、甘肃、宁夏、内蒙古、陕西、山西、河南、山东九省（自治区）。其纬度南起北纬 32°，北至北纬 42°，经度则横跨东经 96°与东经 119°之间。

黄河流域面积 75 万平方公里，共分上游、中游、下游三段。从黄河源头到内蒙古河口镇为上游，自河口到河南桃花峪为中游，桃花峪以下至海为下游。每段流

若把祖国比作昂首挺立的雄鸡，黄河便是雄鸡的脊梁

黄河的自然风情

黄河上游景观

域都有着各自的地貌特色及地域风情。其中上游占全流域面积的一半以上，水多沙少，是清水的来源。而中游的黄土高原，则真正赋予了黄河的姓名。下游流域面积最小，却以罕见的地上悬河而闻名。

上游

黄河的上游全长3472公里，流域面积三十八万多平方公里。其中，上半部分流域为高山草原，是河源段，即黄河的源头。下半部分为峡谷平原，是河谷段。因此，迥然不同的地势造就了此河段高达3846米的巨大落差，形成潜力丰富的水力资源。

河源段有源自岷山的白河、黑河等主要支流，河源水多沙少、流量稳定，这是此河段最为显著的特点。

　　由于河谷段由峡谷和宁蒙平原两部分组成，因此，又可将其细分为峡谷段和平原段。从青海龙羊峡到宁夏的青铜峡为峡谷段，该河段流经山地丘陵，峡谷、宽谷相间，有龙羊峡、刘家峡、青铜峡等二十多个大大小小的峡谷，峡谷两岸悬崖峭壁，河床狭窄，水流湍急。其中，贵德至兰州的流域间，有洮河、湟水等重要支流汇入，是三大支流集中区之一。从而使黄河水量大增，水利工程也相对更多。

黄河源头河谷地风光

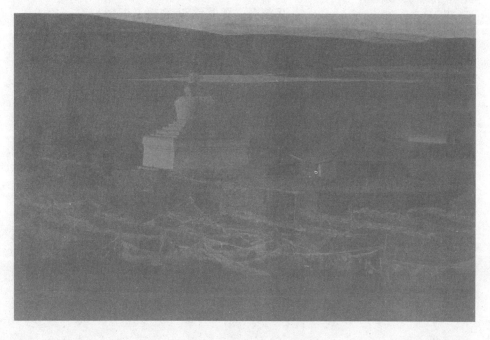

黄河流经黄土高原地区

从宁夏青铜峡至内蒙古托克托县河口镇部分为冲积平原段，此河段流经地区大多为荒漠以及荒漠化草原。因此，基本没有支流的汇入，而干流河床平缓，水流缓慢，因此在河流两岸形成了大片的冲积平原，即著名的银川平原与河套平原。其中河套平原更是全国著名的引黄灌溉区域，所谓"黄河百害，唯富一套"。

中游

从内蒙古托克托县的河口镇到河南省郑州的桃花峪一段，是黄河的中游。这一段河长 1206 公里，总流域面积达三十四万多平方公里，占全流域面积的 45%，是黄河的中坚部分，更是黄河的得名河段。

黄河从青藏高原越过青、甘两省的崇山峻岭

黄河的中游流域仍然是峡谷、平原相间分布。

黄河晋陕大峡谷

从河口镇至禹门口是黄河干流上最长的一段连续峡谷——晋陕峡谷，也就是著名的黄土高原区。千百年来，风沙侵蚀的黄土高原早已黄沙遍布、千沟万壑。据统计，目前黄土高原上长度在一公里以上的沟壑有三十多万条，一公里以下的支沟、毛沟更是不计其数。而一道道沟壑最终的归宿都是黄河，它们不停地切割着黄土高原，更不停地流向黄河，从而成为黄河泥沙的主要来源。黄河黄，始自黄土高原，这黄色醒目耀眼。从此，黄河、黄土相生相伴，形影不离。

被黄河水冲积而成的独特
地貌

禹门口至三门峡区间，黄河流经汾河平
原与渭河平原。这一段平原流域，地势平坦，
河谷展宽，水流缓慢，土壤堆积，养料充足，
并接纳了汾河、洛河、泾河、渭河、伊洛河
等重要支流。由此，河段两岸及山西南部的
黄土台塬成为陕西、山西两省的最重要农业
基地。

三门峡至小浪底河段，穿梭于山峦之间，
是黄河干流上最后的一段峡谷地带。此后自
小浪底以下，黄河则从山峦间穿越而出，流
向下游宽阔的平原地区。也正因为如此，小
浪底附近过渡地带的巨大落差使其成为了重
要的水能利用基地。

下游   暮色中的黄河

  从河南桃花峪以下直至入海，是黄河
的下游。全长 786 公里，流域面积仅为 2.3
万平方公里，是黄河三段中长度最短、流
域面积最小的一段。由于此河段流经地区
主要为沿河低矮丘陵即冲击平原，地势平
坦、起伏和缓，因此此段的落差不到 100
米，又因没有较大支流的汇入，水能资源
相对较少。然而，由于中游黄土高原河段
的泥沙大量冲击而下，长年累月的黄土沉
积形成了举世罕见的自然奇观——地上悬
河。从而"人在地上走，水在头上流"的
俗谚成为这一段风景真实独特的写照。

一方水土养一方人

黄河

然而，值得注意的是，地上悬河这个旷世奇观的存在带给人们的不是赏心悦目的赞叹，相反，它带给人们更多的却是河口决堤、洪水泛滥的严重威胁。因为下游河段除南岸东平湖至济南间为低山丘陵外，其余全靠堤防挡水。雨期一到，水量猛增，堤防决溢屡见不鲜，沿岸人民往往苦不堪言。

黄河滋润了两岸的良田

（三）支流广布

如果说黄河是中华文明的摇篮，那么其广布的支流则犹如这摇篮中伸展的竹枝，深入中华大地，绵延万里，润泽一方水土，滋养一方生民。黄河支流的流域面积占总流域面积的80%多，且分布不平均。每一条支流都犹如一个急待归家的游子，或几经辗转或直奔而来，归入母亲黄河的怀抱。这里我们着重介绍几条比较重要且各具特色的支流。白水、黑河、洮河、湟水、渭河、汾河、大汶河等。

1. 白水、黑水：

《老残游记》中的黑妞、白妞是一对姐妹花，而对于黄河而言，黑水、白水（又称黑河、白河）则是一对名副其实的支流姐妹花。它们共同发源于四川省境内，流经川北诺尔盖高原，是黄河流域最南端的两大支流。同时，黑河、白河又有着相同的地质地貌。其中黑河较长，共计456公里；白河较短，长约270公里，但先于黑河加入干流。由于河流两岸都为沼泽泥炭发育的土壤，因此河水呈现出黑灰色，黑河即由此得名。而白河则因为地势较高的缘故，泥炭显露的不明显，因此河水相对较清，从而得名白河。

2. 洮河

如果人类的贫富程度是以金钱来计算的话，那么河流的贫富比较则无疑要靠水量的大小作为标准了。洮河发源于青海省河南蒙古族自治县西倾山，曲折东流，穿越临洮盆地，最后在甘肃永靖县注入黄河刘家峡水库。

笔直的大桥仿佛要将黄河切割开来

全长 673 公里，平均年径流量达 53 亿立方
米。水多沙少，来水量仅次于渭河，是黄
河上游水量最大的支流。每到严冬季节，
陇原大地银装素裹，洮河河面上就会拥成
一簇簇的流珠，滚圆晶亮、玲珑剔透，形
成美丽的洮河流珠，这是大自然赐与洮河
的一道靓丽风景，更为黄河增添了一份新
鲜色彩。

3. 湟水

湟水也是黄河上游的重要支流之一，
发源于青海省海晏县包呼图山，东南流经
西宁，因此又称西宁河。全长 374 公里，
流域面积达三万多平方公里，流域构造十
分奇特。由于湟水主要流经青藏高原和黄

与黄河浪涛抗争的船夫

黄土高原风光

土高原的交接处，并在峡谷、盆地间交互穿梭，从而使流域附近形成独特的串珠状河谷地貌。每当春夏之交，湟水流域上游的冰雪慢慢融化，水量激增，再加上南北川河的并入，致使原本平静安详的河流猛然间波涛汹涌、巨浪拍岸，呈现出别样壮观之景，因此——"湟水春涨"成为黄河又一道美丽的风景线。

4. 渭河

如果说黄河的各个支流都是黄河母亲的孩子，而这些孩子又按照注水量的多少来排列长幼顺序的话，那么渭河则可以当之无愧地成为黄河的长子。渭河发源于甘肃省渭源县鸟鼠山，东奔陕西省潼关县，南亘秦岭，北靠六盘山。河流全长818公里，流域面积13.4万平方公里，上游流经黄土高原，水沙俱下，是向黄河输水输沙最大的功臣。中下游地区则沟渠纵横，利用水利之便，使灌溉、航运的发展齐头并进，成为汉唐时期的漕运要道，在今天仍是重要的农业产区。

5. 汾河

汾河发源于山西省宁武县管涔山麓，纵贯山西南北，全长710公里，是山西第一大河。"汾"，大的意思，汾河由此而得名。同时，汾河也是黄河的流量次子——第二大支流。

没有什么能阻挡黄河水奔腾向前的脚步

泛舟于黄河之上

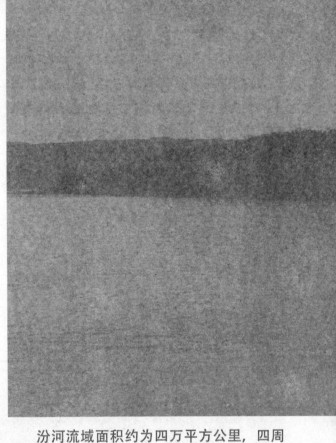

坐落在黄河边的村落透着历史
的风韵

　　汾河流域面积约为四万平方公里，四周
山峦环绕，谷地相拥。优越的自然条件使其
在旧石器时代即孕育了中华文明的先祖——
丁村人，《山海经》《水经注》等历史文献更
是早早地将其列入名山大川的行列之中。汾
河，千百年来生息繁衍，始终慈爱如一地哺
育着三晋生民，也享誉着"三晋第一胜景"
的至高光环。

黄河岸边的西北民
居

6. 大汶河

　　黄河的各个支流分布呈不规则状，而
其中较大的支流多集中于上游、中游。因
此，如果在黄河下游选出一个代表的话，
那必然首推大汶河。大汶河古称汶水，发
源于泰莱山区，自东向西注入黄河后转变
流向，与黄河一道自西向东注入渤海。然
而，在历史上，大汶河的名字问题却十分

黄河如一条丝带从村
庄间蜿蜒而过

复杂，几经变迁。在北宋时期大汶河就曾一度被称作大清河，直到若干年后，又改回原名。

此外，作为黄河在山东省的唯一支流，大汶河也是泰安市最大的河流。全长208公里，属季节性河流，因此流量差异很大。由于中游一带水草旺盛、资源丰富，大汶河也凭借其天然优势造福了一方百姓。

（四）自然景观

1. 壶口瀑布

壶口瀑布，位于陕西、山西两省的交接处，是黄河中游在流经陕晋峡谷时天然形成的一个壮世奇观。壶口瀑布的高度一般在二十米左右，这在中国瀑布中不算是很高，但滚滚而来的黄河却以其巨大的水量和强劲的气势将壶口瀑布推上了中国瀑布之最的第二把交椅，成为仅次于黄果树瀑布的第二大瀑布。

巨大的壶口水浪在50米高的石槽间不停地翻滚、冲撞，声如洪钟、气压群峦，水光四溅、雾气冲天，给人以惊心动魄的震撼。远远观之，犹如一把巨型茶壶在倾倒壶水，令人望而生畏的气魄又给人以灵魂深处的涤荡，经久不息。无论是"盖河旋涡，如一壶然"

还是"混出昆仑衍大流，玉关九转一壶收"，都用生动细腻的笔触描绘出了壶口瀑布的壮阔与澎湃，余音四绕，回味无穷。

2. 塞上江南

"衡阳雁去无留意"的塞上风光，给人的第一感觉应该是黄沙漫天、莎草稀疏的荒凉之美，远不同于樱红柳绿、良田美景的江南之秀。然而，这塞上江南在哪里？又是谁将这风沙遍野的塞上打造成良田肥美的江南平原呢？这一切都要从黄河说起。

塞上江南实际上说的是河套平原或称宁夏平原。河套平原本处于干旱、半干旱的大陆性气候区，十分干燥。然而，奔涌的黄河

黄河不停地吞噬着黄土高坡

每年黄河都会带走大量的
泥沙

一路向东，从甘肃到宁夏沿贺兰山转而向北，遇阴山再折向东，最后到吕梁山绕而南下，形成了一个包围宁蒙平原的大弯折。这一段大弯折的地带在黄河的滋润下，水草丰美，气候湿润，大大迥异于其周围的高山荒漠区域。

四周是大漠金沙、黄土丘陵，中间是水乡绿稻、林翠花红。自然的巧匠塑造了黄河的奔腾，而黄河的奔腾又重新创造出别样的自然风光。

3. 黄土高原

有人说，是黄土高原塑造了黄河，它用大量的黄土将原本清澈的河水染黄，最后又将这些黄土安家落户于黄河下游，堆

看似纤细的大桥连接着南北
天堑

积成"地上悬河"。没错，黄河因黄土高原而得名，也因黄土高原而灾害不断。但黄河却不仅仅只是被动地接受着这一切的改变，就在黄土进入黄河水的那一刻，黄河也在竭尽全力地改造着黄土高原。

黄土高原的风尘来自何方暂不必究，但其举世罕见的千沟万壑的破碎地貌却不能说

黄河是世界上含沙量最大的河流

与黄河毫无关系。奔腾的黄河水不仅带走了黄土高原的泥沙，同时也在黄土高原上留下了自己的片片足迹。这足迹雕刻了独特的塬、梁、峁地貌，更将黄土地的板块踩踏得破碎不堪。不知这种踩踏算不算是咆哮的黄河对给它带来沉重代价的黄土高原的一种惩罚呢？

4. 悬河惊叹

当黄河结束了在山峦峡谷间的穿行，进入低缓的平原地带时，其早先那一泻千里的气势也随之而舒缓。流速的减慢使黄河开始卸下黄土高原带给它的沉重包袱，于是黄土慢慢沉积下来。然而，这些常年累月的积沙却在慢慢地抬升着黄河的河

地上悬河

床。为了保护沿岸的村庄、农田，黄河河岸的防护大堤也不得不随之而逐年增高。就这样，一个奇特的人、河"抢高比赛"拉开了历史的帷幕，从此没有终结。这场怪异的比赛所得的唯一结果便是铸就了更加怪异的自然景观——地上悬河。

地上悬河河段西起郑州，东至入海口，长达 800 千米。而其高出地面的最高值已经超过了 10 米，即使按平均高度计算也有 3 至 4 米。人在地上走，水在头上流，仰望着波涛滚滚黄河水，感受着浩浩荡荡的千年文明，还真是令人叹为观止的独特享受。

二、东方伊甸园

黄河被誉为"东方伊甸园"

如果说伊甸园是西方文明的远古发祥地，那么黄河则无疑为中华文明的东方伊甸园。从人类的蒙昧时期开始，黄河就已经在广袤的中华大地上哺育了一代代智慧的先民，书写着一段段生命的传奇。

（一）旧石器时代

说黄河是中华文明的摇篮一点都不为过。因为早在旧石器时代，黄河流域便有了人类的活动遗迹。陕西的"蓝田人"，据证实距今已有八十万年的历史，而山西的"丁村人"也至少有二十万年的历史。也就是说，当同时代的世界仍处于一片黑暗与蒙昧的阶段时，伟大的黄河先祖们已经在自己的土地上点燃了文明的火种，谱写着中华文明的序曲。

1.蓝田文明

蓝田人发现于陕西蓝田县的公王岭和陈家窝两地，其中公王岭蓝田人距今大约80－75万年，化石有头盖骨、鼻骨、右上颌骨和三颗臼齿，同属于一个成年人，可能是女性。头盖骨低平，额部明显倾斜，眉脊骨粗壮，骨壁厚，脑量小，表现出较为明显的原始形态。而在发现蓝田人化石的同一地方，也同时发现了尖状器、砍砸器、刮削器和石球等各种原始劳动工具和生活器具。这些石器的加工方法较为简单，一般为锤击打制，因此叫做旧石器或打制

蓝田人头骨化石

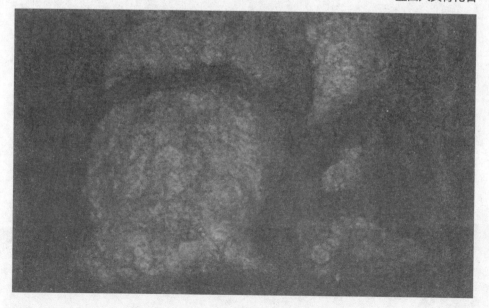

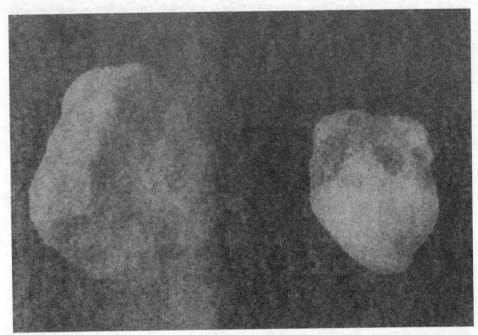

蓝田人使用的石器

石器。然而，虽然这些简单的石器做工并不精良，又粗又大，但如果仔细观察，就会发现这些石器已经有了明显的分类分工迹象，而不再是杂乱无章地任意使用。更为重要的发现是，在同一层位中，考古人员还发现了当时人类用火的遗迹，即用火残留下来的炭屑。这表明，生活在黄河流域的旧石器时代原始人已经开始懂得使用火。当然，这个用火的遗迹，目前还不能确定是天然火种还是人工取火，但众所周知，单纯的火的使用已经是人类发展历史上走向光明的一个巨大里程碑。我们可以充分相信，生活在旧石器时代的蓝田人已经在黄河流域点燃了文明的火

丁村遗址

种，并带着这光明的火把照亮了前方的文
明之旅。

2. 丁村遗迹

丁村遗迹发现于山西省襄汾县南约五
公里的丁村南的同蒲铁路两侧。1954 年在
大规模发掘时，在汾河东岸共发现十个石
器地点。其中，在汾河东岸的沙砾层中发
现了三枚应属于十二三岁孩童的牙齿骨和
一块两岁幼儿的头盖骨。经考古学家鉴定，
此种人类形态应介于北京猿人和现代人之
间。

此外，丁村人也已经开始制作工具。
他们所使用的石器主要分布在汾河两岸，

丁村人石具复原图

为典型的打制石器。主要用角页岩制成，一般石片角都较大，打击点不集中，半锥体很大，且常双生；也有小而长的石片。对于石器的第二步加工基本没有出现，加工方法也多用碰砧法或锤击法。由于做工比较粗糙，所以石器的体积一般都较大，其中最具有代表性的石器要数大棱尖状器和石球。大棱尖状器有三面和三缘，横断面近似于等边三角形，据猜测可能是用作挖掘植物根茎的器具。而石球制作更是粗糙，一般被认为是在追逐野兽等动物时，供击打投掷之用的简单工具。

（二）新石器时代

随着生产力的发展，经过旧石器时代的漫长旅程，新石器时代的黄河流域在自然造化与人类智慧的指引下，再次开创了一个举世瞩目的时代——仰韶文明。而新石器时代晚期，当父系氏族社会取代了母系氏族社会，预示着又一个黄河文明的开始。

仰韶文化在中国史前史中占据着不可撼动的重要地位。其地理范围广，时间跨度长，即使在世界范围内也是首屈一指的文明起源。

仰韶文化距离今天大约已经有五千年到七千年的历史了，由于时间跨度较大，按

仰韶文化石器

时期的不同和文化形态特色划分为半坡类型，庙底沟类型以及西王村三大类型，是中国新石器时代最有代表性的文明形态。其主要分布在黄河中下游一带，以河南西部、陕西渭河流域和山西西南的狭长地带为中心，东至河北中部，南达汉水中上游，西及甘肃洮河流域，北抵内蒙古河套地区。沿黄河一带延展深入，范围极其广大，遍布甘肃、陕西、山西、河南、河北、宁夏等省（自治区）。目前已经发掘出近百处文化遗址，因为其出土的文物均反映出较为统一的文化特征，因此被统称为"仰韶文化"。

河南和山西省是仰韶文化的中心地带。其发现的生产工具虽也主要为石器，但相比蓝田文明和丁村遗迹来说，已经有了实质性的飞跃。因为仰韶文化地区所出土的石器的制作工艺有了很大提高，不再是简单的敲打而成，而是经过仔细打磨，部分还具备孔技术等高级手段。常见的工具有刀、斧、锛、凿、箭头、纺织用的石纺轮等。

除石器之外，仰韶文化的骨器制作也十分精美，然而最具特色的还要属红陶工艺。

仰韶文化的制陶工艺十分发达，陶器种类更是丰富多样，有盆、钵、碗、小口尖底瓶、

新石器时代石网坠（左）和纺轮（右）

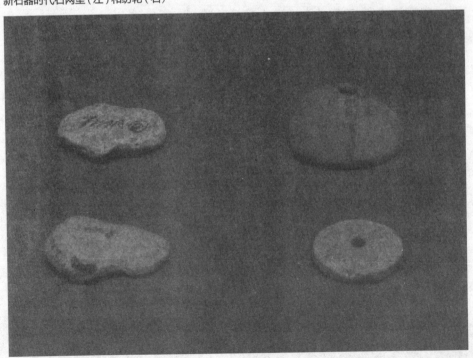

仰韶文化陶器

细颈壶、罐与粗陶瓮等。其中彩陶的制作尤为优美，在陶器表面，常常用红彩或黑彩绘有形象各异、绚丽多姿的几何图案或动物花纹。人面纹、花纹、鱼纹、鸟纹等生动逼真，显示出高超的技艺水平。

此外，在生活形态上，仰韶文化已经开始了较为稳定的定居农业，而充足的水源对于农业文明来说至关重要。因此可以推断黄河的滋养在此发挥了巨大而无可替代的作用。其肥美的水土，为仰韶文化的繁衍生息提供了强大的物质自然条件，而

仰韶文化遗址

已发掘出来的仰韶文化遗址再次证明，事实也正是如此。因为，仰韶文化所选择的聚居、耕种地址多集中于黄河沿岸河水丰富处、或两河交接地代、抑或山谷中的河边地代。其村落大小不一，房屋主要有圆形和方形两种，早期以圆形为主，而到了后期，则以方形多间房屋居多。较大的聚落，以半坡遗址保存的最为完好。其居住区在中心，外围绕一周大壕沟，沟外北部为墓葬区，东边设窑场。有一座大房子为公共活动的场所，其他几十座中小型房子则面向大房子，成半月形分布，规划整齐、井然有序。

（三）三代伟业

夏、商、周三代，黄河流域继续承载着历史发展的重任。从尧舜禅让的终结到夏的建立，再到战国风云，黄河流域始终一边尽心尽力地为她的孩子们提供生命之源，创造着一个又一个文化时代；一边静静地见证着人类历史的马车奔驰前行。

1. 青铜文化

灿烂的黄河文明在经过漫长的岁月发展后，终于迎来了一个历史的新纪元——青铜时代。

随着生产力的不断发展，落后的石器工具早已不能满足人们日常的生产生活需要。于是，智慧的先民们在长期探索中终于找到了一种更加坚硬且易于加工的材料来制作工具，这就是"青铜"。青铜实际上是一种铜锡合金，其原色本为金黄，但由于长期掩埋在地下，受到剧烈侵蚀，使得金属表面生长出一层厚厚的绿色铜锈，因此，人们习惯称之为——青铜。

根据文献记载及现代考古发现，早在先秦三代时期，青铜便已融入生产生活之中，但使用的范围仍比较小，主要是王室贵族使用，代表器物为鼎。《史记》中司

黄河流域出土的古代编钟

青铜器见证了黄河流域文明的繁衍历程

马迁就曾经有过禹铸九鼎的记载。而新中国成立后，在对河南夏墟进行考古发掘时，也曾出土了真正的青铜残片，可见，从夏即已经开始了青铜时代。

到了商周时代，青铜时代进入了最为繁荣的兴盛时期。此时的青铜器无论是生产规模还是使用范围都有了较大的进步。而以青

青铜兵器

铜器制作的农业生产工具和手工业工具更加锋利耐用，从而使生产效率大大提高，更加促进了商代社会的发展进程。主要生产工具有锸、铲、耜、斧、刀、锯、凿、钻等等，种类十分丰富。而在商周墓葬中出土的青铜器，除生产工具外，更多要属武器和礼器。

在武器中除去刀、钺之外，最具特色的还是戈。戈由石镰发展而来，捆绑在长木柄上使用，用于勾杀制敌，攻击力极强，是最具中国特色的武器。此外青铜还被制成箭头，而这是一种消耗极大的兵器，从侧面说明在商代，青铜工具的产量已经相当大了。

青铜爵

中华自古就是礼仪之邦。礼器作为贵族阶层宴飨、祭祀、迎娶、丧葬等重大事件的必需品及身份地位的代言物，自然离不开盛行一时的青铜。各式青铜礼器种目繁多，仅装酒的器皿就有爵、角、觚、觯、觥等十余种，或硕大无比，或精巧细致，还经常在器壁表面刻有图案花纹及篆刻铭文，显示出古代劳动人民高超的冶铸技术及精湛的技艺水平。

2. 铁器文化

在青铜器占据着社会生活的方方面面之时，另一种新的生产工具也在悄悄地迈开了自己的前行的步伐，并在随后的发展中逐步壮大，直至取代青铜创立了自己的历史时代——铁器时代。

黄河流域发现的最早的铁器遗物是河南三门峡虢国墓地出土的铜柄铁剑。根据其形制鉴定，此铁器与黄河流域所使用的器具形制极为相近，基本可以判定是黄河流域的人民所造。由此不难推断出，早在西周晚期，黄河流域的能工巧匠们就已经掌握了铁器的锻造冶炼方法，并将之应用于生产生活中。但由于目前像这样的铁器出土量并不是很大，可见，在西周时期，铁器在人们的社会生活中依然扮演着青铜器具的陪衬角色。然而，到了春秋时期，铁器的地位开始得到逐步提高。迄今为止，春秋时期的铁器遗址已发现十余处，且从

虢国墓地出土的铜柄铁剑

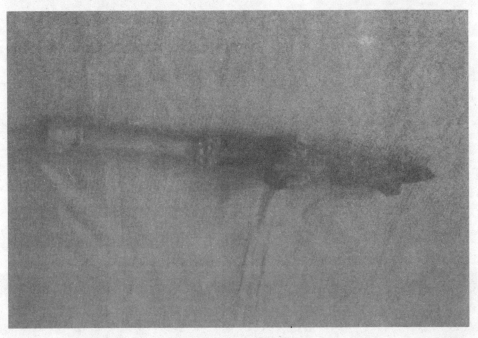

秦始皇兵马俑陪葬坑

出土的地域和器物质地来看，先进的铁器生产基地大多出现在甘肃、陕西等黄河流域地区，远远早于长江流域；同时，各种铁器的冶炼技术也得到了极大的改观且更加普及。

战国时期，冶铁技术的快速发展，最终突破了黄河流域的范围，开始向四周传播，但黄河流域的锻造技术却始终处于领先地位。其中淬火和增碳两大冶铁技术的发明，将战国铁器制造推向了高潮，更为秦汉社会铁器制造业的发展奠定了坚实的工艺基础。

（四）秦汉风流

叱咤风云的秦皇汉武，在书写着一代英

雄的传奇，而黄河也继续着她的文明传奇，修筑长城、凿运河、大兴宫陵、广开渠道。黄河之水孕育了华夏子孙，更赋予了他们灵巧的双手、智慧的头脑。

兵马俑的形象充满了个性，自然而有生气

1. 秦陵兵马

风起云涌的战国纷争以成就了一代雄杰秦始皇的宏伟霸业而宣告落幕。一个乱世的终结所迎来的是一个极其短暂却鼎盛至极的盛世天下。2000 年的风烟与尘土早已将昔日的繁华掩埋殆尽，一切看似风平浪静，毫无讯息。然而，生生不息的黄河文明却注定了不甘寂寞的结局。1974 年，一次极其平凡的打井之举，偶然间揭开了一幅神奇而恢弘的历史画卷，从此，大秦盛世的宏伟基业在渭水河畔重现天日，瞬时成为万人惊叹的举世绝响。

秦始皇陵位于陕西省西安市东郊，南以骊山为屏，层峦叠嶂、绿树葱葱；北抵渭水之滨，逶迤宛转、端庄秀丽。始建于公元前 245 年，那时秦始皇刚登基不久，只有 13 岁。历时将近 40 年、动用 70 万人的大规模劳力才得以完工，是历史最早且最富丽、最庞大的皇家陵园，至此之后，无人能及。

整个陵墓仿照秦都城咸阳的布局加以建造，大体成回字形，而目前发掘出来的气势辉煌的秦始皇陵兵马俑只是浩大秦陵陪葬坑的一小部分，由此更可见其规模的超凡。其出土的仿真人真马大小的陶制兵马俑共有八千多件，整齐划一、神色庄严地列队而立，气势凛然地保卫着他们的君主。近距离观察这些陶俑时，就会发现，它们每个"人"的神情都极为生动形象，气宇轩昂；而陶马的造型也十分逼真，刻画精致自然，具有鲜明的个性和强烈的时代特征。秦始皇陵兵马俑是强大的秦国军队的缩影，更是秦国强盛国力的写照。而那些做工精美的雕刻、铸塑技

兵马俑是强大的秦国军队的缩影

艺则显示了渭水人民的智慧结晶。

2. 汉阳传奇

要想了解一个时代的发展态势、国运
兴衰，那么探寻这个时代的墓葬必将会给
人们的疑问提供一个生动而真实的答案。

秦朝的鼎盛如烟花般在绽放了生命最
绚烂的色彩之际悄然陨落。而大汉天子们
则在黄河脚下再展雄风，书写着又一个时
代的传奇。

目前对汉代陵墓的发掘较多，规模等
级大小不一，反映出不同阶层人民的生
活状态和文化状况。然而，如果在汉陵中
选出一个最能反映汉代文化发展巅峰的代
表，那么则要首推堪称与秦陵兵马俑相媲
美的汉阳陵。

汉阳陵坐落在咸阳塬上，南临渭水，
是汉景帝的陵墓。其内部构造仿西汉都城
长安而制，规模巨大，富丽堂皇。然而，
与秦陵出土的巨型兵马俑不同，汉阳陵出
土的大量陶俑体积较小，只有真人的三分
之一。然而，其雕刻塑造的精湛手工艺及
绚丽夺目的色彩绘制却使这些已经沉睡千
年的陶俑们焕发出别样的生机，令世人惊
叹。其中对陶俑面部表情的生动刻画可谓

兵马俑制作精细，表情生
动逼真

秦始皇陵是中国历史上第一
个皇帝陵园

惊世一绝，工匠们在艺术的顶峰状态巧妙地捕捉了各色人物的内心世界：孩童人俑像面相清新、略显稚气；成年俑像目光平和，凝练稳重，堪称中国古代雕塑艺术的上佳杰作。此外，除了生动逼真的人物刻画，在陶俑身上还发现了各式衣物的残存，然而遗憾的是，由于封埋时间过于久远，这些衣物并没有较为完好地保存下来，从而遗失了一条探寻汉代黄河流域生活状况及制衣水平的信息之路。

（五）唐宋之韵

1. 最美不过长安城

瑰丽的黄河文明发展到唐代迎来了超越

各个兵马俑的脸型、发型、体态、神韵均有差异

以往的真正盛世家园。唐的极度繁荣在经济、文化、艺术等方方面面都绽放出了鲜艳的文明花朵。无论是不断进步的农业生产、日益完善的政治制度、思想升华的宗教哲学，还是盛世之韵的大唐诗词，都可以在某一领域集中体现黄河流域的文明进程。然而，观一国，不如观一城。一个发达城市往往是一个国家乃至一种文化的极度浓缩。因此观唐代文明的繁荣，仅从长安一城便可窥见一斑。

西安古城墙

长安即西安，是我国六大古都之一，也是黄河滋养的中华明珠。它与长江、长城并称"中国三长"，足可见其在我国历

关中地区在《使记》中被誉为"金城千里，天府之国"

史上所占据的重要地位。坐落于渭河平原的长安城有着极其优越的自然条件，八百里秦川，沃土遍野，黄河之水，绵延不绝。由于其充足的水源优势，早在唐代以前，长安就已经做过前代的都城，其中较为重要且时间最为接近的是"大兴城"，即隋代的长安城旧址。然而，无论从规模、技术还是艺术角度，都是无法与唐代长安城相比拟的。

长安城是唐代的政治、经济以及文化中心。从布局上看，由外郭、宫城和皇城三部分组成。皇城是唐政治统治的中心地区；而宫城则是皇家居住及皇帝颁发诏令举行朝庆大典的地方；外郭城又叫"京城"，是长安人民的生活区。规划极其规则，全城呈方格状棋盘式对称布局。12座城门，25条大街贯穿城市的东南西北，交错井然。城墙高大厚重，气势恢弘。由于商品经济的不断发展，长安城内的市坊开始形成并逐渐规范化，而繁华热闹的市坊生活，也正好成为了长安人民安居乐业的最好见证。

2. 沉默的开封

开封，是黄河流域的又一历史名城。然而，当如今的开封已经成为不得不仰视黄河的忠实守卫者时，我们怎能不惊叹，黄河，你是怎样将其塑造成北宋明珠，而

开封府

辉煌尽散后又是怎样将之置于釜底，沉默不语的呢？

如今到开封，给人们的第一印象莫过于仰视黄河的奇特景象。然而，就是这样一个在当今中国属于中等规模、中等发达的普通城市，在历史上却曾一度经历过奢华与繁荣，并与黄河上演了一幕幕扯不断、理还乱的情缘。

滚滚黄河水养育着开封儿女，也影响着他们的生活。地上悬河在逐年创造着自己的身高，也逐步威胁着开封。当咆哮的黄河迅猛扑来时，开封人只能选择无奈的等待，然而这等待并不是颓废，却是平静后的重新振作，营建家园。就这样，开封成了一个"地

滚滚黄河水养育着开封儿女，也影响着他们的生活

《清明上河图》重现了繁荣之城的场景

下城市"。六座古老的城市在洪水中被无情埋没。然而，也正是在这一次次的反复斗争中，开封人终究创造了一个属于开封、更属于世界的繁华之城——北宋东京城。庄严雄伟的宫殿建筑、宽阔气派的街道、鳞次栉比的田家屋舍、香火鼎盛的寺院宫观，无不诉说着东京的繁华从容。而张择端那一卷流光溢彩的《清明上河图》更是用既写实又写意的艺术手段重现了那段夺目耀眼的辉煌，从而吸引了无数羡慕的目光再次投向这古老的黄河文明。

三、黄河的忧患与治理

河道千回百转，水流湍急

黄河是中国的母亲河，她善良、慈爱，滋养着华夏文明的盛世家园。然而，如此伟大而诚挚的母亲，却有着古怪的脾气，时不时地发怒，仿佛一条硕大无朋的暴躁巨龙，疯狂而歇斯底里地咆哮，不得不让生活在她脚下的子女们敬而生畏，胆战心惊。

（一）凌汛

1. 什么是凌汛

凌汛，是黄河特有的一个汛期，然而对于黄河沿岸的人民来说，却可以说是一种灾难。

凌汛，俗称排冰。主要集中发生在黄河上游宁蒙平原河段以及下游山东河南河段。由于黄河所处的纬度较高，在一般年份的冬季，黄河的下游河道都会结冰封河。而到了初春，河水开始解冻，这时由于处于不同纬度的河段解冻期也各不相同，上段河道封冻晚、开河早，结冰较薄；下段河道封河早、开河晚，结冰较厚。因此，在1到2月份之间，当气温升高，上段低纬度河段首先解冻开河时，下段河道还处于结冰期，从而会出现冰水齐下、冰凌堵塞河道、黄河水位上涨的情况，进而形成凌汛洪水，此时期也就被称为黄河的凌汛期。

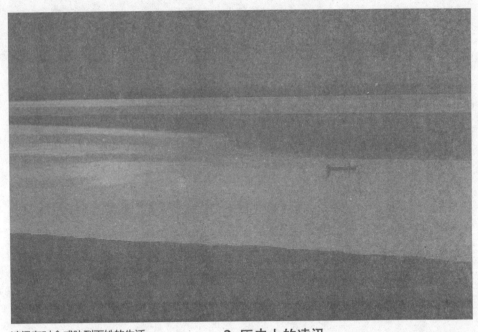

凌汛有时会威胁到百姓的生活

2. 历史上的凌汛

据统计，在 1875 到 1937 年间，仅黄河下游河道因凌汛而造成黄河决口的年份就有 27 次。其中最为严重的凌汛灾害分别发生在 1883、1897 和 1929 年，三次凌汛给人民的生产生活带来严重的灾难——冲毁房屋，淹占农田，所到之处，苦不堪言。其每次发作都会在顷刻间让三十余座村庄化为乌有，尽成泽国。

新中国成立以后，由于加强了防护措施和防患意识，大规模的凌灾次数开始减少，然而正所谓"伏汛好抢，凌汛难防"，凌汛仍时不时地威胁着沿岸居民的生活。

3. 凌汛的危害

由于凌汛发生在冬末初春季节，天气仍相对寒冷，大量未开化的冰凌与强势而下的河水之间展开了一场较量。然而，无论这种较量的结果如何，无论冰或水谁是最后的胜利者，我们都将是最终的受害者，因为凶猛的洪水必定会威害人间。

冰借水势，水助冰威。在封冻期间，当河水在急坡变缓或水库回水的末端遭遇大范围冰凌的阻挡时，就会形成冰塞，而这种阻塞会长时间存在，从而迫使水位抬高，洪水泛滥。然而，在解冻期，当河水

黄河在冰面下缓缓流过，远方绵延着千沟万壑的黄土高原

由南向北冲向高纬度地区时，由于高纬度地区温度仍较低，就会迅速形成冰坝。而低纬度的河水不断涌向冰坝后，又会进一步增加冰坝的高度，最终同样造成洪水泛滥，不可收拾。

4. 凌汛的预防

由于凌汛的发生给人们带来了巨大的损失和太多的灾难，预防凌汛的发生越来越成为黄河流域的人们迫切关注的问题。

黄河现行的防凌措施主要有两大类：一类是工程性措施，一类是非工程性措施。两种方法相互补充，交替结合，目前已取得较好的成效。

黄河独特的地质风貌和人文景观

加固防洪大堤，是最为基础也最为实际的工程性措施之一。提高大堤的防洪量不仅可以预防凌汛，在伏汛期也会起到相同的作用，一举两得。加固大堤毕竟不是解决凌汛危害的根本性办法，自古以来"堵不如疏"的观念就已深入人心，因此，分水分凌工程开始全面展开。将凌汛时的大量洪水分批疏导，在河道较窄的地区修建新的大堤，或修建引黄涵闸等引水工程，从而来应对凌汛的肆虐。此外，利用水库的天然蓄水优势将洪水拦截在水库之中，从而分担凌汛洪峰，也是较为常用的防凌举措。

黄河两岸的冲积平原

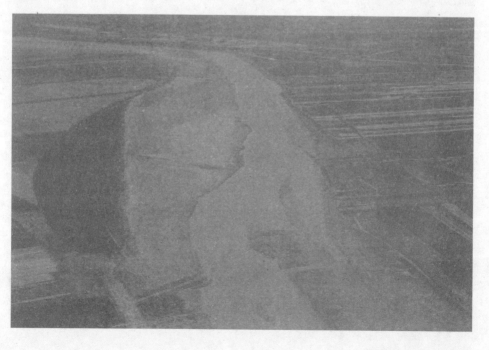

（二）断流

当人们还在自我陶醉，高声吟咏着"黄河落天走东海，万里写入胸怀间"的时候，却尴尬地发现一个已经不能再被忽视的问题——断流。从天而降的滚滚黄河水是如此的浩瀚，怎么会出现干涸的惨状，而黄河又将面临怎样的灾难呢？

1. 黄河旱灾

对于河流来说，洪涝灾害本是最为常见的自然威胁，然而，对于黄河来说，干旱的威胁却一点也不逊色于洪水之祸。

黄河远从青海一路东行入海，其流经的绝大部分地区属于干旱、半干旱的大陆性气

俯瞰黄河冲积平原，良田万顷

蜿蜒回转的黄河

候区，降水集中而有限，年内分配不平均，年际变化量也很大。然而，对于黄河来说，除了上、中游河段不断有支流汇入补充水量之外，其径流的补给主要依靠的还是天然降水。而对于降水的这一点需要，却得不到自然的格外恩赐，黄河流域的降水量由于各种原因在逐年减少，因而干旱问题也就越发严重。

此外，黄河所经过的流域除降水稀少的干旱半干旱地区外，绝大部分都是农业区，而农作物的生长又需要大量的水资源作养料，黄河在这一方面对于她的子女们是十分慷慨而宽容的。然而，黄河的无私

黄河枯水期

奔涌的黄河水

付出，虽然换来了百姓的丰衣足食，却使得自己日渐虚弱，疲惫不堪。

2. 人为祸因

自然原因造成的黄河断流只是基础性的因素，并不是最终导致不堪后果的决定性筹码。相反，人类在向自然进行毫无节制的极度索取时所犯下的错误，才是对黄河最致命的伤害。

(1) 植被破坏，水土流失

黄河平原宜人的景色

漫长的历史发展进程中，人们在黄河身边生活着、劳作着。他们在用勤劳的双手和智慧的头脑改造自然的同时，也破坏了自然。乱砍滥伐、破坏植被，使原本和谐完整的生态系统在人为的强行改造下失去了善良的本真。没有了地表植被的佑护，大量珍贵的水土资源失去了安家立命的居所，水与泥沙相依相伴被迫开始了集体流失的旅程。

(2) 人口剧增，耗水惊人

在中国社会，人口问题已经在诸多方面引发了人与环境之间不可调和的矛盾。其中人类生产生活中正常的大量用水以及

黄土高原水土流失十分严重

大量不合理用水的行为必定要为黄河断流负有一定的责任。据统计,20世纪50年代初期,黄河供水地区年均耗水量122亿立方米,而到了90年代初,这个数字猛升至300亿立方米。值得注意的是,这些地区在用水剧增的同时,年均降水量反而是有所下降。由此,尖锐的供水矛盾势必给黄河造成巨大的困扰与负担,出现断流,是黄河的无奈,更是给人们敲响的警钟。

3. 沉痛的教训

黄河的断流现象引起了人们的警醒,这无疑是一件值得欣慰的事。自然干旱我们注定无力去解决,然而,对于人为破坏生态、致使黄河发生断流惨剧的行为,我们则理应改正自己的错误。

因此,无论是保护三江源生态、治理黄土高原水土问题、加大植被覆盖率还是改进灌溉技术、节约用水,控制人口增长速度、防止水污染,只要是我们力所能及的,都应不遗余力地去争取。毕竟断流不仅给黄河带来伤痛,也是对人类自身的惩罚。

(三)水土流失

黄河、黄土、黄种人似乎永远都是一段相互交融、难分难解的情缘。然而,严重的水土流失却给这段美好的经历染上了一丝令人心痛的记忆。肥沃的黄河流域在常年水土流失的严重影响下，正逐渐失去原有的生命力，而黄土高原更是变得脆弱不堪。

1. 什么是水土流失

在日常生活中，我们对水土流失一词并不会感到陌生，尤其随着近年来黄土高原地区的水土问题愈演愈烈，水土流失更成为人们关注的热门话题。而对水土流失的理解最贴近大众的要属在《中国水利百科全书》中所下的定义："在水力、重力、风力等外界力作用下，水土资源和土地生产力的破坏和损失，包括土地表层侵蚀和

黄河在黄土高原上留下片片足迹

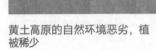

黄土高原的自然环境恶劣，植被稀少

水土损失，亦称水土损失。"

2. 水土流失的成因

（1）自然原因

要寻求黄河流域水土流失的自然成因，则不得不从黄土高原说起。九曲黄河万里沙，而这万里沙的源头就在黄土高原。

黄土高原地处我国干旱半干旱地区，气候干旱，降水稀少。而长时间的流水风沙侵蚀，使得黄土高原地表的土质更加疏松破碎，尤其不利于水分凝结。土壤的涵水能力是一方水土得以保持的根本，而经无限侵蚀后的黄土高原却恰恰缺少这种基本能力，从而致

使被暴雨冲刷后黄土不但不能起到蓄水保沙的作用，反而极易同洪水一道顺流而下，造成泥沙俱下、水土流失的惨状。

多年来，人类对黄河无休止的索取，造成了黄河水土流失的不断加剧

（2）人为原因

正如黄河断流的原因一样，自然原因只是水土流失现象形成的基本因素，而人为因素才是导致事态发展愈演愈烈的决定性力量。人类对黄河无休止的索取，最终导致了生态环境的极度恶化，水土流失应"害"而生。

由于我国庞大的人口数量不断上升，对土地的需求量也随之不断增大。然而土

黄土高原上的羊群

地属于非可再生资源，面对土地，人们不可能凭空创造，只能对其进行掠夺性的开垦。

　　大量毁林开荒、霸占牧场改农田，以及无节制地毁林开矿以满足工业生产需求，是人们选择的、自认为最快捷、最方便的途径，以保证人类不断增加的生存需要。然而，不幸的是，人们忘记了对自然如此粗鲁的做法实际上是在直接破坏生态系统的平衡。裸露的地表不断扩大，气候调节开始失常，因降水减少愈发干旱而又没有植被庇佑，必定会使水土流失的状况愈加严重。

3. 水土流失的危害

黄河的水土流失虽然集中在黄土高原地区，然而，随着近年来形势的愈演愈烈，水土流失俨然已经成为整个黄河流域都不得不面对的大灾难。

首先，黄河源区由于受到全球气候变暖和人为破坏环境的影响，已经开始了大面积的水土流失。其水源涵养功能退化、湿地萎缩、灾害频繁，生态系统变得极其脆弱。原来为人们引以为自豪的"中华水塔"如今却面临干涸的尴尬境地。

陕北窑洞

此外，自古以来即以"西部金腰带"闻名于世的河西走廊也失去了原有的光泽，变得废弃荒凉，毫无生机。由水土流失导致的土地沙漠化进程不断加速，昔日的"丝绸之路"如今已经成为了"沙尘暴"肆虐的罪魁祸首。

当然，无论如何我们仍不能忘记黄土高原这个水土流失重灾区。其流失面积广、流失量大、流失类型复杂等多种因素，都使得黄土高原的水土治理难度大大提升。严重的水土流失不仅淤积了河沙、抬高了河床，形成了令人生畏的地上悬河，更严重影响了黄河水源的有效利用。生态恶化导致水土流失，而水土流失也在不断恶化生态环境，并且制

光秃秃的黄土高原

约了社会经济的快速发展。

4. 水土流失的防治

水土流失危害严重，治理水土流失问题刻不容缓。首先，必须从生态建设和可持续发展的角度出发，全力保护现有的生态环境，并逐步修补对生态坏境已经造成的破坏。将退耕还林还牧落实到位，并坚持小流域综合治理的大体方针，提高植被覆盖率，从而增强水土涵养的能力，从根本上防止水土流失的扩大化。其次，我们还要在提高技术的层面，改进生产技术，开发节约灌溉的新举措，及时调整农业结构，在保护黄河水土的前提下，最大限度地使人地矛盾得以缓和。最后，合理分配水资源、杜绝水污染、水浪费也将为保持水土起到一定的帮助作用。

（四）改道风波

河流改道原本是一种较为常见的自然现象，然而提起黄河改道，人们的反应却并不能如此平静。这是因为黄河的每一次大规模改道对于黄河流域的人们来说都无疑是一场灾难。千百年来，我们的母亲河虽然慈爱地哺育着中华大地，却也会不时地乱发脾气，四处惹祸。

黄土高原因严重的水土流失变得日渐脆弱

陕北黄土高原

1. 改道概况

据不完全统计，自古至今黄河下游决口泛滥达一千五百多次，其中造成黄河改道的有 26 次，具有一定历史意义的重大改道共 6 次。以发生的时间顺序排列如下：

（1）周秦时期的黄河改道

从公元前 6 世纪到公元前 2 世纪左右，黄河开始了第一次（历史记载较为明确的）改道。此次改道源于宿胥口决口事件。在此期间，黄河流域发生了较大的变化，黄河河道开始明显南移，除由天津入海改为由河北黄骅入海之外，黄河河流也从过去较为分散的状况开始变得集中起来。由于此次决堤十分严重，给人们造成了巨大的损失。人们开始在黄河沿岸建立堤防体系，从而拉开了人为干预黄河改道的序幕。

（2）秦汉时期的黄河改道

公元前 1 世纪左右，时值我国历史上的秦汉时期，此时期的中国处于大一统的状态，国力强盛，堤防设施越筑越高。然而，此时的黄河下游已经形成了"地上悬河"，每遇伏汛期至，决口泛滥十分频繁。多次决口最终造成整个黄河河道继续南移，而

黄河入海口

黄河冰冻期

入海地也由天津转至利津。

（3）东汉至唐初的黄河改道

公元 1 到 6 世纪，是历史上东汉到唐初的一段时期。在长达六百多年的时间里，以王景治河为基础，黄河实现了第三次重要的改道。在王莽建新后的近百年内，黄河洪水泛滥、屡屡决堤。为此，王景为黄河开辟了一条新的河道，其具体流经地点暂不可考，但大致流经冀鲁交界地区，从长寿津（今濮阳西旺宾一带），循古漯水河道，经范县南，在阳谷县与古漯河分流，最后经今黄河和马颊河之间，至山东利津县境入海。

（4）隋唐北宋时期的黄河改道
黄河瀑布奇景

公元 6 到 12 世纪是黄河干流河道大体稳定但总体格局大转变的时期。由于近千年的沉积，黄河下游河口段逐渐淤高，决口改道之事逐渐频繁。尤其是北宋时期，人为干预河道的工程越来越多，然而干预失效却十分明显，甚至造成更多的灾害。

1019 年，黄河在澶州决口，河水经濮、鲁、靳后入梁山泊，再入泗淮。1048 年，商胡埽绝口，黄河北流在滏阳河与南运河之间，经海河于天津入海。1060 年，大名府第六埽决口后黄河开始分流，经西汉故道于笃马河入海，被称为"东流"。

（5）从金至清的黄河改道

从金到清，黄河开始了夺淮南徙的改道路程。1128 年，由于历史上宋金战争的原因，黄河在滑县西南地区被迫实行了人为决口，这一举动使得黄河东流经豫东北、鲁西南地区，汇入泗水，夺泗入淮。从此离开了春秋战国以来的故道，不再流经河北平原。而随后的几次决口，大多也是受战争的影响，使

河水与良田一色，仿佛一幅写意画

黄河不断南下，逐渐占领了淮河全线。

（6）明清时期的黄河改道

在清咸丰年间，黄河的一次重大改道再次改变了整个黄河入海的格局。

1885年，黄河在河南兰阳铜瓦厢决口。这次决口，使黄河下游结束了七百多年由淮入海的历史，重新从渤海湾入海。然而，由于决口之时适逢太平天国运动时期，国内环境混乱，治理黄河、修筑堤防一事也就被耽误下来，直至二十多年后，黄河已经放任自流多年并选择了一条新的路线，形成了如今黄河下游河道的基本概貌。

此外，在抗日战争时期，1938年国民党以郑州花园口决堤为代价抵挡日军入侵

俯瞰大汶河，气势磅礴，汹涌东去

淳朴的黄河人

壶口瀑布是黄河流经晋陕大峡谷时形成的天然瀑布

而导致的黄河改道，对黄河流域的居民来说是一次罕见的人为灾难。

2. 改道原因

黄河改道的原因主要有两方面，一是自然原因，伏汛时期的洪水泛滥导致黄河决口。另一方面则是人为原因，除去作用于自然的人为因素，如环境破坏等，在历史上更重要、且更直接的人为因素莫过于战争，比较典型的几次改道有1128年宋金战争导致的黄河夺淮和1938年抗日战争时的花园口决堤。当然，更多时候，黄河改道是由自然原因和人为因素共同作用的结果，因此，为了黄河的安宁，更为了黄河流域人们的安全，我们要竭力维持黄河流域的稳定，黄河改道的事件越少越好。

3. 改道危害及综合治理

每一次黄河改道无论是自然形成还是人为导致，对黄河流域的人们来说都是苦痛的经历。漫天黄河水淹没农田、村庄，其势之大甚于单纯的洪涝灾害。因此，我们必须对黄河改道予以高度的警惕。

尽可能地改造黄河地貌，尤其是黄土高原地区的地表问题，是有效防止黄河淤积改道的途径。

四、丰富的资源

三门峡大坝

（一）水资源

1. 引水灌溉

水，是人类的生命之源。然而，在地球这个 70% 的空间都被浩瀚无垠的水所占据的地方，可供人类生存发展的淡水资源却是少之又少。

黄河是中华民族的母亲河，尽管它穿越三大阶梯，地形复杂，又常年为黄沙所累，在一定程度上影响了淡水资源的利用。然而，作为古老文明的发源地，从古至今，黄河之水为人们带来的福祉却是不可估量的。

生长在黄河脚下的人们，在千百年的经验积累下，不断提高对黄河的利用效率。早在西汉时期，人们就已经在河套地区开发了引黄灌溉工程。如今，黄河平均年径流量 580 亿立方米，已经被耗用的就有 307 亿立方米，水资源的有效利用率高达 53%，这在全国的大江大河中是引人瞩目的可喜成绩。

目前，在黄河流域内已经建成大、中、小各型水库三千多座，水库总库容近六百亿立方米。而全流域的引水工程多达四千六百多处，提水工程 2.9 万处，截至目前，黄河干流所设计的引水能力已超过 6000 立方米每秒。在黄河流域，最主要的灌溉区域有三块，分别是宁蒙河套平原、汾河渭河平原以及黄河下游的平原地区。在引水工程方面，这三大片灌溉面积占全河的70%以上，用水量更是高达引水总量的80%。滚滚黄河水浇灌出我国重要的粮食、棉花生产基地，更浇灌出一方生机，一方文明。

流域内及下游沿黄地区灌溉面积已由建国初期的1200万亩发展到现在的1.1亿亩，增长了8倍。引黄涵闸也修建了九十多座，引黄灌溉和抗旱浇地面积达三千六百多万亩，福泽豫、鲁两省沿黄20个地、市的百余县居民。

在农业社会，灌溉农田是水资源利用

黄河为我们提供着丰富的水资源

小浪底水库泄洪的壮观场面

的最主要途径。随着社会的发展，现如今，黄河水的利用范围远远超过了农业生产领域，扩大到与人们生活密切相关的各个领域，如城市生活用水、工矿企业生产用水等。近年来，随着引黄济青、引黄济卫等跨流域调水的兴起，黄河水的利用再次成为人们关注的焦点。

2. 水能发电

水能在人们生活中的利用，已经不再是新鲜事了。作为新世纪的新能源，水能以其干净、能量大、可再生等优势受到了人们的欢迎。

黄河水能资源极其丰富，这与它所流经的地段有着紧密的联系。黄河横穿我国地势

的三大阶梯，受地形影响，在每个河段的
交接处，巨大的落差成就了黄河巨大的水
能资源，各个水电站的兴建更是极大满足
了人们的生产生活需求。大河上下，座座
水电站如颗颗明珠，点缀着这条蟠卧中华
大地的巨龙。

小浪底水利枢纽是治理开发黄
河的关键性工程

（1）龙羊峡水电站

龙羊峡水电站位于龙羊峡的入口处，
是黄河上最高的拦河坝，因此被誉为"万

里黄河第一坝"。龙羊峡大坝位于青海中部的共和县境内，"龙羊"是藏语，意为"险峻的悬崖深谷"。其峡长 40 公里，河道狭窄，狭口最窄处仅有 40 米，两岸山壁陡峭，乱石横布，水流湍急，惊涛拍岸，蕴藏着巨大的水能资源。

龙羊峡水电站从 1976 年开始兴建到 1987 年正式投入使用，历时 11 年。其主坝长 396 米，最大坝高 178 米，整体水库容量为 247 亿立方米，每年向各地区输送的电量达 60 亿千瓦时，是我国自行设计、施工的大型水利枢纽。此外还与刘家峡水电站一起，担负着黄河上游防洪、灌溉等多项任务。

黄河水日夜奔腾不息

（2）刘家峡水电站

刘家峡水电站

刘家峡水电站，位于甘肃省临夏回族自治州永靖县，设计于新中国成立后第一个五年计划期间，建成于 1964 年，并在 1969 年 4 月首次发电。由于地处九曲黄河的第一曲河段，刘家峡水能资源极其丰富，这一优势也使其当之无愧地成为当时全国最大的水利枢纽工程，一度被誉为"黄河明珠"。

刘家峡水库总容积 57 亿立方米，年发电量 57 亿千瓦时。40 年来，取得了巨大的经济效益。无论从总体投资比例、实际支出费用，还是劳动消耗对比，刘家峡水电站都远远胜过火力发电。并在农业扶

三门峡水电站全景

持方面，为甘肃省的发展作出了巨大贡献。除了为其提供大量廉价的电力资源外，更带动了甘肃地区电力提灌技术的发展，灌溉效益十分显著，早在1985年就达到人均产粮1500斤。同时水电站的多种服务也拉动了灌溉区域的多种经营和乡镇企业的繁荣发展，进一步提升了整个地区的前进势头。

（3）三门峡水电站

在中国大型水电站行列中，三门峡水电站并不是库容量最大的一座，也不是发电量评比中的头名，但却被人们称为水利工程的"老大哥"，这是因为它是我国在黄河干流上修建的第一座大型综合水利工程。同时，也

是经历最为曲折的一座水利工程。

三门峡水电站

三门峡水利枢纽位于黄河中游，始建于 1957 年，到 1960 年大坝基本竣工。三门峡水电站的发电功效在最初的时候却没有取得很好的成绩，并造成水库淤积严重的不良后果。在经过 60 年代和 70 年代两次改建后，淤积问题才逐步得到缓解。随着 20 世纪 80 年代初期"工程管理为基础，电力生产为支柱"口号的提出，三门峡水电站实现了经济效益的新突破，年发电收入可达 6000 万元人民币。然而，如此巨大的经济效益却是建立在牺牲库区和渭河流域利益的基础之上，甚至付出了把渭河

狭长的陆地远远地向河中延伸

黄河小浪底水库泄洪远景

变成了地上悬河的代价。因此，在本世纪初，三门峡水电站的存废问题一度提上了政府议事日程。截至目前，对于三门峡水电站巨大水能资源的利用以及如何正确利用仍然是值得人们关注的重要问题。

（4）小浪底水电站

黄河的绝大部分水能资源都集中在上中游，由于下游的地势比较平缓，水能资源的利用则相对较少。然而小浪底水电站的出现，却大大改善了黄河下游对水能资源的开发力度，成为三门峡以下唯一能够取得较大库容的控制性工程，具有防洪、减淤、供水、发

小浪底风景区

电等综合效益。

　　小浪底水电站的建设较晚，是国家八五期间的规划项目，于 2001 年底竣工，和已建好的三门峡水利枢纽等联合运用，极大改善了下游的泥沙淤积和凌汛状况。小浪底电站装机 6 台，总装机容量达 180 万千瓦时，成为河南省电网的主力调节员。为国家其他电力建设节省投资约 13 亿元，且年发电收入创 2.4 亿元，实现了良好的经济社会效益。

　　（二）矿产资源

　　黄河流域幅员辽阔，各种矿产资源储量十分丰富，是我国名副其实的藏宝地。

厚重的河水如飞毯抖落下来
河水激起的水雾腾空而起

如果按黄河的一路流程来划分，则可以将黄河流域内的三大区域分为九大矿产基地，分别是西宁—兰州基地、银川—石嘴山基地、包头基地、晋陕蒙峡谷基地、神府东胜基地、延安—长庆基地、晋中—晋西南基地、陕晋豫基地以及黄河下游基地。这些基地的主要存储能源也是我们日常生活生产中最为常用的几种能源——煤炭、石油和有色金属。

1. 煤炭资源

黄河流域的煤炭资源主要集中在中游地区，并以丰富的储量占据着全国煤炭总量的半壁江山。素有"中国煤都"之称的山西大同以及新晋主力神府—东胜、准格尔煤田都在黄河脚下聚居，纷纷在沉睡了数千年后，化为黑色的结晶，与黄河一道成为黄河文明闪耀的一份子，并开始为勤劳、智慧的黄河流域人民提供生存发展的基础能源。

（1）神府—东胜煤田

神府——东胜煤田是目前中国已探明的最大优质煤田，同时也是世界大型煤田之一。

神府—东胜煤田位于陕西省西北部和内蒙古自治区南部，毗邻鄂尔多斯盆地腹地，是一个连续型煤田。煤田总面积两万多平方公里，预测储量约为 6690 亿吨，而

神府—东胜煤田

探明储量更是高达 2300 亿吨，占全国已探明储量的 1/4。

集面积大、储量丰、埋藏浅、煤质好等多种优点于一身的神—东煤田在煤炭市场上极具竞争力，远景规模十分看好。2000 年前后，神—东煤田正式成为我国特大型能源后备基地，顺利实现了我国能源西移的战略方针以及煤、电、油、路、港、航"六位一体"的全新格局。

黄河岸边神—东煤田，正在一步步地壮大，发展成为辐射整个中国中西部广大土地的经济源泉。

(2) 准格尔煤田

"几"字黄河逶迤盘亘，就在这"几"

准格尔煤田

字的突兀处，伏卧着一条沉睡的"乌龙"——准格尔煤田。

准格尔煤田坐落于内蒙古地区，但同属黄土高原范围之内，被黄河三面包围。就是这样一个地表沟谷纵横、砂石遍布的"荒原"地带，却有着与其外表极不相符的内涵，谁也不会想到，茫茫煤海就在千疮百孔的地表下悄无声息地生存了上千年。

准格尔煤田南北长 73 公里，东西宽 23.6 公里，面积 1723 平方公里。国家五大露天煤矿之一，其累计探明储量达 253 亿吨，可开采 114 年，是大自然赋予我们的巨大宝藏。

准格尔煤田现代化的采煤设备

点点渔火装点着黄河的夜晚

对准格尔煤田的勘探工作早在建国初期就已经开始，从20世纪50年代到80年代，经过近三十年的多方考察，准格尔项目终于在1986年正式设立，很快便在随后的几年被列入国家十大重点开发工程。

准格尔煤田的开发不仅为我国的工业建设提供了不可或缺的宝贵资源，更极大地带动了薛家湾及周边地区的社会经济发展。从80年代中期到90年代中期，短短十年间，准格尔旗的年均财政收入就增长了十多倍，人们的生活水平也随之大幅度提高。

2. 石油资源

"金"是中国传统珍宝的代名词，而到了现代社会比黄金更易得到人们珍惜重视的恐怕要数"黑金"了。所谓"黑金"，其实就是我们所熟知的石油，将石油称作"黑金"不仅生动形象、更体现了其重要的社会价值。

黄河流域是著名的中华长条聚宝带，"黑金"当然也是其家族的重要成员。其中，黄河入海口浅海区大陆架下的石油资

油井晨光

胜利油田采油井架

源蕴藏量尤其丰富，成为黄河流域油田界的
"大哥大"，同时拥有着一个响亮而威武的名
字——胜利油田。

　　胜利油田地处山东北部渤海之滨的黄河
三角洲地带，主要分布在东营、滨洲、德洲、
济南、潍坊、淄博、聊城、烟台等 8 个城市
的 28 个县（区）境内，在我国是仅次于大庆
油田的第二号种子油田。

　　胜利油田最为突出的特色是其多种经营
的发展战略。从 1964 年投入开发以来，胜
利油田凭借其巨大资源及经济优势迅速成为
带动黄河三角洲综合开发的重要经济支柱和
生力军。

　　20 世纪 60 年代中期到 70 年代末是胜利

胜利油田是我国的第二大油田

油田大会战的时期，也是开发初期。当时，以解决劳动力及家属生活问题为出发点，胜利油田即开始了发展农、副业生产与石油开采双轨并行的战略方针，初步建立起多种经营的发展模式。80年代以后，由于多种经营取得了良好的经济与社会效益，胜利油田的多种经营开始由被动的选择转变为主动寻求突破。在90年代初期，从表面上看胜利油田的原油产量似乎有所下降，然而纵观综合效益，胜利油田的多种经营已经发展到了快速增值的阶段。

3. 有色金属资源

有人说，黄河不如称为"黄金河"。确实，相比黄河流域所富含的宝贵财富来说，黄色的水质似乎并不能代表黄河真正的价值。然而，"黄金河"里却并没有严格意义上的黄金，而更多的是与黄金一般珍贵的有色金属矿产资源。

黄河流域矿产资源十分丰富，截至1990年，已探明的矿产资源就有114种，在全国已探明的45种主要矿产中，黄河流域有37种，占据绝对性的主导地位。除煤、石油外，黄河流域有色金属储量同样十分丰富。其中具有全国性优势（储量占全国总储量的32%以上）的有色金属矿产有稀土、石膏、玻璃硅质原料、煤、铝土矿、铝、耐火黏土等8种。产量居全国第一位的矿产资源有镍、铂、钯、

铝土矿矿石

镍矿矿石

锇、铱、钌、铑七种，而占全国产量前五
位的矿产资源更是多达十多种。

黄河流域矿产资源成矿条件多样，分
布广泛而又相对集中，因此开发潜力十分
巨大，同时也为人们对其开采利用提供了
相对便利的条件。无论是白云鄂博的稀土、
铌、铁共生矿，山西孝义、保德的铝土矿
还是贺兰山下的磷、铁矿，都是绝佳的资
源开采基地。

随着现代化工、农业和科学技术突飞
猛进的发展，有色金属在人类发展中的地
位愈来愈重要。航空、航天、汽车、机械
制造、电力、通讯、建筑、家电等绝大部

自然铂

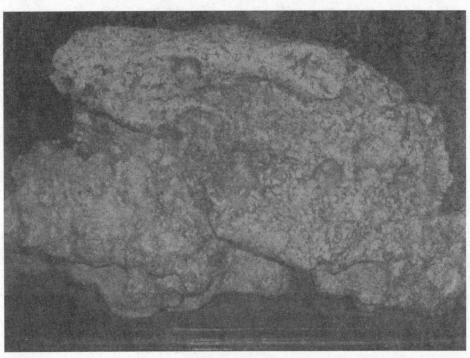

磷矿矿石

分行业都以有色金属材料为生产基础，从而使之成为国家重要的战略战备资源乃至生活中不可或缺的消费材料。

然而，就在人们尽情享用着黄河提供给人们的宝藏的同时，人们回报给黄河的却是大规模的河水污染。

据统计，黄河流域有色金属工业污染源有 279 个，年排放污染物多达 24.9 万吨，年排放废水量达 14.8 亿多吨，占流域工业废水总量的 47%。如此巨大的污染总量，使得黄河不堪重负，水质遭到严重破环。因此，在利用有色金属资源、大力发展工业建设的同

时，如何保护黄河水资源的课题仍值得人
们高度关注。

（三）水产资源

1. 概况

提到黄河，鲤鱼跳龙门的故事早已家
喻户晓。在现实生活中，鲤鱼确实是黄河
水产的一大支柱。在 20 世纪 60 年代以前，
黄河中游河段的鱼产量中，鲤鱼捕获量高
达 60% 以上，"黄河鲤鱼"由此闻名国内。
然而，到了 80 年代以后，鲤鱼的捕获量

黄河流域的水产资源十分丰富

渔业是黄河赐予黄河人民的又一珍贵礼物

逐年下降，而鲶鱼则取而代之，成为黄河中游的主要捕鱼种类。

渔业的繁荣发展，是黄河赐予黄河人民的又一珍贵礼物。据统计，在黄河主要流经的8个省区内，除青海省外，从事专业、兼职渔业捕捞的劳动力达四万多人。不仅在一定程度上解决了就业问题，更极大满足了人们日常生活需求，取得了巨大的经济效益。

2. 鱼类资源分布

鱼类需要一定的生存环境，因此，鱼类资源的分布状况也因黄河不同河段流域状态的不同而不同。

黄河上游平均海拔为3000米，地势较高，气候寒冷，不适于鱼类生长，而河源地段内河道曲折、多草地沼泽，因此上游鱼类资源长期以来都没有得到很好的开发。

黄河主要的渔业资源都集中在中下游地势较低、气候温暖、河道展宽、水流平缓的冲击平原地带。其中，中游河套地区鲤鱼、鲶鱼资源较为丰富。而整个下游渔业资源都十分丰富，河口洄游鱼类、河道性鱼类、定居性鱼类、半咸水鱼及淡水性鱼类等都大量集中于此，为下游居民带来福音，同时也为维持下游河段的生态平衡作出了重要贡献。

五、沿岸文化掠影

黄河文化亦如黄河一样源远流长

　　饱经沧桑的黄河依旧奔腾不息，黄河沿岸的风景则因为千百年文化积淀的装点而显得更加沉韵秀丽。如果说浓郁的历史气息让黄河在无限生机中融入一抹庄严，那么淳朴的人文特色与民族风情则让黄河在自然造化的钟灵毓秀外，多了一分悠闲自得的生活情趣。

1. 安塞腰鼓

　　安塞腰鼓是一种古老的击鼓艺术形式，有着很深的历史渊源，是悠悠千年黄河文化的一大象征。由于起源于我国西北黄河流域的陕北安塞地区，所以得名"安塞腰鼓"，至今已有几千年的历史。

　　安塞腰鼓豪放粗犷、气势雄浑的艺术风

气势恢弘的安塞腰鼓表演

格仿佛与历尽沧桑咆哮东去的黄河浑然一体。身着传统的民族服装，腰上悬鼓，手舞绸棒，伴着那震天的鼓声，跳起雄健的舞步时，你会强烈地感觉到一种来自生命最深处的震撼力和浓烈的民族情怀。

安塞腰鼓的动作和表现风格主要分文、武两种。文者潇洒自如，舞姿优美；武者豪放热烈，雄浑粗犷。其表演方式主要分行进表演、广场表演和舞台表演。少则几人，十几人，多则数百人。有一人单打、二人对打、多人群打等多种方式；又有三角阵、四方阵、圆形阵等各种队列和图案的变化。野马分鬃、白虎甩尾、凤凰展翅、双飞燕、跳龙门等几十种花样和步伐，令观众目不暇接，耳目一新。

　　安塞腰鼓粗犷豪放、刚劲有力的风格，给人以很强的感染力。它可以将表演者与观众的情绪同时调动起来，形成特有的艺术魅力：人借鼓势、鼓借人威；击鼓朝天，酣畅淋漓。精、气、神无阻无碍，一脉贯通，兼具健身与陶冶情操双重功效。

　　安塞腰鼓之精髓在于人鼓合一。世界上没有一种乐器能够像安塞腰鼓这样使人和乐器的结合达到如此高度。它那激越的鼓声、宏大的场面、磅礴的气势、雄健的舞姿所散发出来的光芒不仅仅是艺术的表现，更流淌

粗犷豪放的安塞腰鼓表演

安塞腰鼓表演方阵

出黄河边上的安塞人民不屈不挠的奋斗精神以及自强不息、坚韧不拔的民族魂。

关于安塞腰鼓的起源和产生，最常见的说法是起源于战争。古代安塞是重要的军事战略要地，并因之而繁荣。因此，安塞在史书上曾有"上郡咽喉""北门锁钥"之称。自汉代以来，安塞一直是抵御外族侵扰的边防要塞之一。秦汉时期，戍守边陲的士卒，把腰鼓当做刀枪弓箭一样，作为战斗中必不可少的装备，遇到敌人突袭和异常情况，他们就击鼓报警，传递信息。两军对垒交锋时，他们又以鼓助阵；如果战斗胜利，则击鼓庆贺。直到现在安塞腰

雄健豪放的舞步跳出安塞人民的
精气神

鼓在击鼓风格和装饰打扮上，仍然留有秦汉戍边将士的影子和勃勃英姿的遗风。安塞腰鼓中的狠劲和猛劲集中体现了战争中的那种威武不屈、不畏强敌、压倒一切的英雄气概。著名腰鼓活动长图"马芳困城"即以明代名将马芳的名字命名，突出表现了腰鼓在战争中的广泛影响。

随着历史的发展和时代的变迁，到宋代，安塞腰鼓得到较大的发展。苏轼曾在诗中描述："腰鼓百面如春雷。"陆游的诗中也曾写道："情歌一曲梁尘起，腰鼓百面春雷发。"

这些诗句同样生动而细致地再现了腰鼓活动规模之壮观，声势之浩大、技艺之精湛。而如今的安塞腰鼓除了继承这些古老的优良传统外，也逐渐演变成一种广受欢迎的民间娱乐艺术形式。每逢佳节，安塞人民用打腰鼓的形式来表达自己祈求平安吉祥的美好愿望和抒发欢庆丰收的喜悦心情。随着中国经济的发展，今天的安塞腰鼓已经走出国门，舞向世界，以其豪迈狂野、无与伦比的气势，征服了八方观众，成为令世界人民惊叹的艺术形式。

安塞腰鼓震天动地的鼓声回应着古老黄河的奔腾咆哮，雄健豪放的舞步跳出安塞人民的精气神，人鼓合一的安塞精神必

今天的安塞腰鼓已经走出国门，舞向世界

安塞腰鼓石刻

每逢佳节，安塞人民用打腰鼓的形式来
表达自己祈求平安吉祥的美好愿望

黄河水车

将在灿烂的黄河文明中传递不息，熠熠生
辉。

2. 水车映象

在黄河文明的沿岸留下了无数的文化
印记，其中水车文化便是农耕文明的重要
标志之一。黄河水车雄浑壮观，立于黄河
两岸，同黄河一起滋润着两岸百姓的生活，
也见证了他们的历史。

黄河水车主要分布在兰州，又叫"天
车""翻车""灌车""老虎车"，由明嘉靖
时期段续创制，距今已有近五百年的历史。
明嘉靖年间，进士段续最早创制了水车。
据传段续在南方任职时对当地的筒车产生
了浓厚的兴趣，在晚年回归故里后，便致

古老的水车同黄河一起滋润着两岸百姓的生活

力于对水车的仿制。他根据黄河地区的特点，制成适应黄河特点的水车，两岸的农民纷纷效仿，一时间黄河两岸水车林立，形成了一幅壮观的图景。

黄河的水车虽源于南方的人力筒车，但是段续利用黄河天然的冲击力，却使其成为自动提水灌溉的水利设施。一般水车轮幅直径达 16.5 米，辐条尽头装有刮板，刮板间安装有等距斜挂的长方形水斗。水车立于黄河南岸，旺水季利用自然水流助推转动；枯水季则以围堰分流聚水，通过堰间小渠，河水自流助推。当水流自然冲动车轮叶板时，推动水车转动，水斗便舀满河水，将水提升 20

筒车

黄河边的双轮水
车

米左右，等转至顶空后再倾入木槽，源源不断，流入田地，以利灌溉，成为天人合一的和谐工程。

古老的水车日夜不休地转动着，吱吱呀呀地滋润着沿岸人民的生活。水车牵系着沿河农民的生存命脉——水源畅通，则丰年在望;水源断绝,则颗粒无收。水车被创制以来，两岸的农民就不断效仿，到清朝乾隆、嘉庆年间有 150 辆，灌田 27,000 万亩。清道光年间，兰州境内及毗邻黄河两岸的地区，每隔三至五里就有水车一二辆，乃至三五辆不等，可见当时水车的发展已经达到鼎盛时期。巨大的水车林立于滚滚奔腾的黄河边上，诉

古老的黄河水车

说着古老民族的沧桑历史。水车已经和那时那地的人民的生活结合到一起，灌溉着农田果园，给当地人民带来生存的基本保障。

水车在吱吱呀呀的转动中不仅谱写了两岸人民的农耕生活旋律，也奏出两岸人民的文化音符。在不断的发展中，水车已经渐渐形成具有独特风格的文化，同时也成为黄河文化的重要组成部分。文人学士经常将水车作为一种文化印记，吟咏于诗词歌赋之中。而清末兰州山水画家温筱舟创作兰州八景，更是在《莲池夜月》中留下了水车静谧的身姿。随后，水车的意象

黄河水车雄浑壮观，立于黄河两岸

九曲黄河万里沙，浪淘
风簸自天涯

在刺绣、摄影、油画、国画等作品中不断涌现，成为黄河流域文化中不可或缺的一部分，也为中华民族的文化增添了一个亮点。

由于现代工业文明的冲击，而今的水车已不再是人们生产中的重要水利设施，而黄河水车也已大部分消失，现存的水车基本上已经丧失了原来的功用，成为一种历史遗物和文化符号。

为了留住这个曾经辉煌一时的文化现象，近几年政府又重建了不少水车，让现代人可以体验追忆古老的文化魅力。因此，如今的黄河水车既年轻又古老，作为黄河文化的象征，留声机般吟唱着充满魅力的黄河文化。